LO QUE LA HIPERINFLACIÓN SE LLEVÓ

Hacia el ocaso de la Clase Media Occidental

Iván Calderón

"El Apocalipsis vendrá pronto; así que ¡sepulta tu Oro!... ¿Porque has comprado Oro, cierto?"

STANLEY "STAN" PINES. GRAVITY FALLS.

CONTENTS

Title Page	1
Epigraph	2
¿Para quién es un Brief Look?	7
Una "Licencia Financiera para Matar"	8
Acuñación & Hiperinflación	12
¿Qué es el Dinero Bancario?	15
El "Bochinche" Bancario	18
El "Leviatán" de la Flexibilización Cuantitativa	22
Un Capitalismo "vestido de verde"	25
¿Qué es un Depósito de Valor?	28
El "Buen Dinero"	31
La Era del Dinero FIAT	34
Lo que la Hiperinflación se llevó	38
Sobre el Autor	44

Autor: **Iván Calderón**.
Diseño de Portada: **Iván Calderón**, with Freepik: Freepik: Free Vectors, Stock Photos & PSD Downloads and Inkscape: https://inkscape.org/ /
Contacto: lit3rario@gmail.com

Queda prohibida la reproducción total o parcial de la obra, a través de cualquier Forma, Medio o Formato, sin el permiso previo y por escrito del Autor.

¿PARA QUIÉN ES UN BRIEF LOOK?

El término Brief Look, es un anglicismo que se utiliza para designar la elaboración de un documento escrito, contentivo de "una mirada breve y especializada" en torno de un determinado tema. En el caso que nos convoca, el autor se enfoca en crear una Síntesis Conceptual que permita trazar un Mapa Cognitivo, en torno de la denominada Cuarta Revolución Industrial. En tal sentido, se presentan una serie de Documentos Literarios Esenciales que bajo la denominación Brief Looks, pretenden colaborar con el desarrollo de un nuevo Modelo de Autoaprendizaje para el joven lector de habla hispana, en un también nuevo contexto postglobal, globalista y supranacional.

UNA "LICENCIA FINANCIERA PARA MATAR"

Por lo general, cuando se habla de dinero, sobre todo si se está ante una persona joven y en el contexto latinoamericano, tiende a haber, en un primer momento, un singular "rechazo" al tema de conversación. Pareciera que se asume, sobre todo en este espacio cultural, que el dinero "es necesario" y, de hecho, "muy necesario", mas, nunca "importante".

Ocurre que cuando algo nos "importa", sencillamente, también lo queremos "conocer" y sobre todo "comprender", hasta el más mínimo de sus aspectos y en todos sus detalles. De igual forma, el "deseo" de "saber" sobre algo en particular, nos suele llevar a la "acción" que implica, siempre, una "actitud" abierta hacia el "conocer" y el "darse cuenta".

En este sentido, cuando se "necesita" algo, podemos asociarlo de manera subconsciente con la *escasez;* por lo tanto, con el *dolor* y de allí, *rechazarlo* desde lo más recóndito de nuestro ser. Así las cosas, el que "algo nos importe", implica ya articular un estado de ánimo diferente que puede, incluso, alejarnos de "la necesidad de".

Más allá de "necesario", el *dinero* es, pues, "fundamental" y por lo general, le tenemos "miedo"; así como también, a la *economía* y a las *finanzas*. La mayor parte de las personas y sobre todo de los jóvenes, no entienden el *dinero* y como ya se mencionó, lo rechazan de manera subconsciente; sencillamente, porque nunca se lo han explicado o porque de haber sido así, lo hicieron muy mal.

Para comenzar, el *dinero* es una *idea* simple y muy agradable de analizar:

¿Por qué las conchas de mar y la sal fueron primero "dinero", luego el oro y la plata y ahora el papel y los bits? Es una pregunta que despierta la curiosidad, en quien la aborda desde el disfrute. Si tienes, además, conocimientos de *Contabilidad*, por muy básicos que estos mismo sean, podrás realmente comprender los ciclos económicos.

Como toda "herramienta" o "instrumento", el *dinero* tiene "detalles técnicos" que se "afinan" con el diario quehacer de la investigación; no obstante, en la ocasión que nos convoca, hemos de comenzar por contemplar el *dinero*, como "algo que se "crea" y en consecuencia, para que "algo sea dinero", ante todo, debe ser una *Abstracción* que sirve para *Representar* y a la vez, *Comunicar e Intercambiar Valor*.

Al día de hoy, todos conocemos "una sola forma de hacer el dinero", como lo es que un *Gobierno*, le haga una solicitud formal y a la vez institucional, a su *Banco Central* para que éste mismo, produzca más *Masa Monetaria* que estaría compuesta por nuevos *Billetes, Títulos de Ahorro* y *Monedas*. Ahora bien, esto en el caso del "dinero en efectivo"; sin embargo, esta forma "tradicional" y hasta "mesurada" que tendrían los bancos centrales para "producir dinero", sólo representa, a la fecha, entre un 3 y un 8% de la *Oferta Monetaria Total*, de las actuales economías fiduciarias nacionales. Así mismo, no es "dinero de libre producción", dado que viene a ser un tipo de *Emisión Monetaria* que debe estar controlada y sobre todo, garantizada; entonces:

¿*Cómo se ha llegado a crear ese verdadero Godzilla de dinero que, al día de hoy, asfixia la productividad de las economías nacionales?*

Según fuentes oficiales del *Banco Central del Reino Unido*, son las instituciones financieras secundarias; es decir, los *Bancos Comerciales,* las que al día de hoy, crean el 80% del *dinero* de las economías de los países, a través de *Préstamos* que se registran en *Asientos Contables,* con los cuales, luego se genera *Deuda.* Todos manejamos el "dinero físico"; no obstante, son pocos quienes en realidad saben ¿de dónde viene? y son menos aún, quienes conocen y comprenden a cabalidad, las *Formas Dinerarias* que están "más allá" de los *billetes* y las *monedas.*

Hacemos referencia al *dinero intangible* que solemos intercambiar a diario, por el momento y en la mayoría de los casos, a través de las *Tarjetas de Crédito y Débito* y que es una sofisticada forma de "dinero electrónico"; posible de "usar", mas, no de "ver" ni de "tocar" y constituye la mayor parte de la ingente *Masa Monetaria* que los *Bancos Comerciales,* al día de hoy, crean. Pareciera que habláramos de una suerte de "magos numismáticos" que en lugar de blancos conejos, han de sacar no pocos y gruesos fajos de billetes de sus copudos sombreros; no obstante, la verdad es que gracias a estas nuevas formas de "dinero digital", es posible crear aún más *dinero,* literalmente, de la nada.

Desde el colegio, nos enseñaron que los bancos "toman el *dinero* de sus ahorristas y lo prestan", a quienes desean emprender un proyecto, empresa o negocio; a un determinado *Tipo de Interés.* Se obtiene así, una ganancia por "mediar" en la transacción que el banco "comparte" con sus ahorristas. Ésta misma, sería además la verdadera "razón de ser" de los bancos: *Fungir como la institución de confianza que media entre el Ahorrista y el Empresario o Prestatario y que tiene como finalidad, hacer una eficiente Gestión Financiera del Capital Económico, a fin de generar Riqueza para la Sociedad.*

Sin embargo, en la actualidad, los bancos crean una *Forma de Dinero Deuda,* cuya principal característica, es la no generación de *Riqueza.* Parafraseando al escritor británico Ian Fleming, es una especie de "licencia financiera para matar" que nosotros mismos ayudamos a activar, en el momento cuando tomamos nuestra tarjeta de crédito y nos "damos el gusto de". Al *Consumir,* colaboramos con la creación de *Dinero Deuda;* cuando vamos al banco y tomamos un *Préstamo*, sea bien para adquirir una vivienda, remodelarla, irnos de viaje o comprar un auto, estamos "creando" *Dinero Deuda*.

Por su parte, el Oro es "buen dinero" y al haber sido abandonado como:

1. *Anclaje de Valor.*
2. *Moneda del Estado* y
3. *Dinero de Curso Legal.*

Se han producido una serie de *Crisis;* siendo la más grave la actual que, incluso, está transformando por completo las "reglas de juego" del *Capitalismo*. Así las cosas, en el decurso del presente texto, hemos de abordar las *Formas de Creación de Dinero* que, hasta la fecha, han aplicado instituciones como la *Reserva Federal Americana* y el *Banco Central Europeo*. Del mismo modo, todos sabemos o cuando menos, "intuimos" que el modelo económico actual, está llegando a su final y la cuestión de fondo, más allá de si habrá o no, un nuevo sistema capaz de sustituir al Capitalismo, es:

¿Qué pasará con nuestro dinero?

ACUÑACIÓN & HIPERINFLACIÓN

La Acuñación, es la primera, más tradicional y ancestral forma de crear dinero; sin embargo, a la fecha y con independencia del país, este tipo de dinero, tan sólo aporta entre el 3 y el 8% de la Masa Monetaria total de sus economías. La acuñación de monedas y billetes, por parte del Estado, busca apoyar a los Bancos Comerciales, como únicos intermediarios en la demanda de efectivo y liquidez de las economías nacionales y es ese "dinero" que te "entregan" en la taquilla del banco; puedes "retirar" del cajero automático y te "depositan" en nómina. Esta forma de dinero "institucionalizada", tenía la función adicional de proveer de unidades de reemplazo a las monedas desgastadas y los billetes rotos o dañados; aún hoy día, salvo en economías fuertemente distorsionadas como las de Venezuela o Zimbabue, los billetes se emiten en forma limitada y con ciertas garantías. En el caso que nos convoca, realizaremos nuestra disertación en torno del dólar estadounidense; por ser, incluso en la actualidad, la Moneda de Reserva Mundial.

En los Estados Unidos, son dos las instituciones que gestionan la emisión de dinero:
1. La *Casa de la Moneda -US Mint-:* Acuña seis denominaciones de monedas que van desde la moneda de cobre de un centavo, hasta la moneda de un dólar;

cuenta con seis fábricas en territorio estadounidense.
1. La *Oficina de Grabado e Impresión de Billetes:* Es la responsable directa de la emisión de las siete denominaciones de billetes de dólares estadounidenses.

Ambas instituciones, dependen del *Departamento del Tesoro de los Estados Unidos;* con más o menos las mismas características, cada país tiene su propia *Casa de la Moneda* que es, en términos básicos, su "fábrica de dinero". Sin embargo, hoy día existen también las *Monedas Comunitarias* como el *Euro* que, en su mayoría, se acuñan en la *Real Casa de las Monedas de Bélgica,* mas, otra parte se elabora de manera conjunta entre el *Banco Central Europeo* y los *Bancos Centrales Nacionales* de los países miembros de la *Unión Europea.* Al día de hoy, son un total de once fábricas distribuidas por toda la "zona Euro". Este "dinero comunitario", se produce también de forma limitada y con una garantía de reserva; tal cual, el *Sistema Contable de Partida Doble.*

Un *Banco Central,* puede declarar una *Emisión de Moneda* al tomar como base, las *Reservas Nominadas en otras Divisas;* como el *Dólar* estadounidense, el *Euro,* el *Franco Suizo* o incluso, bienes preciosos como gemas, piedras o metales, también preciosos, como el oro y la plata. En su momento y antes del *Nixon Shock,* en enero del año 1971, la *Reserva Federal Americana* emitía billetes que estaban respaldados y eran "convertibles" en Oro. Desde la "suspensión temporal" del *Patrón Oro,* hace ya cuarenta y nueve años, el *Dólar* estadounidense pasa a ser una *Moneda* sin "valor intrínseco"; cuyo respaldo, se fundamenta en la "confianza" que brinda el gobierno de los Estados Unidos y la gestión que haga su *Departamento del Tesoro* para "no devaluar" y he aquí lo más alucinante de todo esto, como lo es que, prácticamente, todas las monedas y divisas del planeta, se respaldan mediante la *Compra de Deuda Pública* estadounidense; es decir, "adquiriendo dólares".

En una economía "sana", los gobiernos pueden obtener beneficios al producir más *dinero;* es cuanto en *Teoría Económica,* se conoce como *Señoreaje Positivo* y viene a representar la diferencia entre el *Valor Nominal* de un *billete* o *moneda* y su real *Coste de Producción.* Para el año 2019, la *Reserva Federal Americana* reportó que le costó 11,50 centavos, producir un billete de 20 dólares y 14,20 centavos producir un billete de cien dólares... La ganancia, es poco menos que abismal.

En forma contraria, a la misma *Reserva Federal Americana*, le cuesta 1,50 centavos de dólar, producir una moneda de cobre de un centavo; aquí, el señoreaje es negativo, debido a que el valor del metal y el proceso de producción, pueden ser mayores que el valor nominal acuñado. Incluso en los Estados Unidos, el *Banco de la Reserva Federal* autoriza la emisión de nuevos billetes, a cambio de otra emisión de *Letras del Tesoro*, a través de una transacción que exige el pago de *Intereses*.

El verdadero peligro de "crear dinero de la nada", está en la *Hiperinflación;* pues, cuanta más "moneda de curso legal" se emite, se corre el riesgo de que la misma, no pueda ser "absorbida" de manera correcta y pronta por el aparato productivo nacional. Así, con el incremento de la *Oferta Monetaria*, el *Valor de la Moneda* cae; dando paso a la *Devaluación* que luego, gracias a una impresión "inorgánica" y descontrolada que termina por destruir el Valor de la *Moneda*, se transforma en *Hiperinflación;* con lo cual, el dinero pierde su "poder adquisitivo", algo que, como ya se mencionó, ocurre al día de hoy en países como Venezuela y Zimbabue.

¿QUÉ ES EL DINERO BANCARIO?

Es la segunda forma de creación de dinero y de acuerdo con las más recientes estimaciones del Banco de Inglaterra -Bank of England-, aproximadamente, un 79,8% de la Oferta Monetaria se crea por esta vía. Repetimos, a la manera del circunspecto, flemático y nunca bien ponderado Agente 007, estaríamos ante una suerte de fatídica "licencia para crear dinero" que es "intangible", "nace de los préstamos" y está, al día de hoy, "matando" a la Economía Mundial. Se calcula que ocho de cada diez unidades que integran la Oferta Monetaria actual, de los Estados Unidos y los países de la Unión Europea, han sido creadas por los mismos Bancos Comerciales, a través de asientos contables digitalizados. Así las cosas, la mayor parte del dinero que circula por el mundo es "privado"; debido a que, esencialmente, es una forma de dinero "vacía de riqueza" que nace de las deudas que crean los Bancos Comerciales.

Sin embargo, esta forma de *dinero deuda* no nació con la era digital; se gestó en Inglaterra a comienzos del siglo XVIII, cuando el Parlamento Inglés en 1704 aprobó la Ley de Pagarés. Un "pagaré", como su nombre lo indica, es un documento que una persona le extiende y entrega a otra; mediante el cual, contrae la obligación de "pagarle" una determinada cantidad de "dinero", en una "fecha" posterior y precisa que figura en el "documento"; pues bien, desde el año 1704 los *Pagarés* comenzaron a ser "transados" como *Títulos Negociables;* cuyo valor intrínseco, es la *Promesa de Pago del Prestatario.*

Al día de hoy, los bancos digitalizan estos "acuerdos de pago" con sus clientes y los llaman "préstamos bancarios" que luego utilizan para obtener aún más *dinero,* al cual, llaman "liquidez"; al someterlos a un *proceso de financiarización* que, de un *Activo,* convierten la *Deuda del Prestatario* en un *Valor Negociable* y a esto, se le conoce como *Titularización.* El *Dinero Deuda,* se introduce en la economía formal, sea bien como *Inversión* o *Gasto Público* y así, sólo las instituciones financieras comerciales, con una letal "licencia bancaria para matar" que les provee el Estado, están facultadas para "crear o destruir deuda"; en síntesis:

Los Bancos Comerciales, aún en la actualidad, con un permiso exclusivo del Estado y bajo ciertos parámetros regulatorios, pueden "crear dinero", para luego "alquilarlo" a un cierto tipo de interés.

Cuando llegamos a un banco comercial y solicitamos un préstamo, se debe "demostrar" que somos dignos de tal confianza. Una vez pasamos la prueba de los *avales y fiadores,* por lo general, el banco comercial nos concede el préstamo; con lo cual, genera un *Asiento Contable* que le permite crear una *Cuenta* en sus *Activos* que, a su vez, suma a su *Cartera de Créditos Comerciales;* así, el banco comercial "acredita" en nuestra *cuenta,* el *dinero* que hemos tomado *prestado.*

Este banco comercial, con nuestra *Deuda,* tiene ahora un nuevo *Activo* en su *Cartera de Créditos* y un *Pasivo* que se endosa a nuestra *Cuenta Personal.* Como puedes ver, este *dinero* no ha salido del "patrimonio" del propio banco comercial, ni mucho menos, ha sido retirado de la cuenta de un ahorrista, para entregarlo a manera de "préstamo"; aun así, es *dinero* que ya está en *circulación, depositado* en nuestra *cuenta de banco* y podemos además "gastar".

Es, por lo tanto, un *dinero* que "nace de la nada", debido a que, sencillamente, "no existía" antes de la *transacción* que hicimos al tomar el *préstamo* en el banco comercial y así, cuando *depositamos* en nuestra propia cuenta y se *acredita* algo llamado "saldo"; además de "amortizar", le otorgamos *legitimidad* a la *deuda,* hasta cuando ambos asientos contables desaparecen, con una *ganancia* para el banco, producto del cobro de *interés*.

La pregunta de rigor es: ¿Pueden los bancos hacer esto de manera ilimitada?

Se supone que no; dado que deben existir "reservas" que son requisitos mínimos de capitalización regulatoria que impiden que el banco, caiga en una situación de insolvencia.

EL "BOCHINCHE" BANCARIO

La Real compañía Guipuzcoana de Caracas, fue una sociedad mercantil que se constituyó el 25 de septiembre de 1782, por Real Cédula del Rey Felipe V y que fue concedida a comerciantes vascos, quienes operaron en Venezuela desde 1730 hasta 1785.

La madrugada del 31 de julio de 1812, en la Guaira, Venezuela, tres siniestras sombras semiencorvadas y con macabro sigilo, se deslizan, unas veces recortadas y otras alargadas, por sobre los calcáreos y pálidos muros de la Casa Guipuzcoana; son pues, las inquietas y umbrías siluetas de Manuel María de las Casas y Miguel Peña, quienes, comandados por Simón Bolívar, se disponen, acompañados por otros oficiales menos lúgubres, a tomar prisionero al generalísimo Francisco de Miranda; a quien falsamente acusan de "traidor", por firmar una capitulación, días antes, con el jefe realista Domingo Monteverde, en San Mateo.

Se cuenta que el generalísimo Francisco de Miranda, arribó a la Guaira a las ocho de la noche del 30 de julio, con la intención de permanecer y pernoctar en la casa de la Compañía Guipuzcoana que incluso se conserva hasta nuestros días, en el corazón del puerto de la Guaira y sería allí, donde se habría de consumar aquello que el dilecto intelectual Mariano Picón Salas, dio a llamar: "La Madrugada Triste".

La Historia, narra que sería el Coronel De las Casas, quien en un primer momento fue de los *Patriotas*, mas, luego "se cambió" discretamente y con raudo sigilo para el bando de los *Realistas*, quien habría de irrumpir de madrugada y con altisonancia en la habitación del generalísimo, a fin de detenerlo por "traidor".

Se dice que al presenciar el enorme escándalo que realizaban los tres oficiales que ingresaban a su habitación, el generalísimo se puso de pie y al tiempo que, con su lámpara, alumbró, uno a uno, los rostros de sus arteros y viles captores, hubo de pronunciar esa célebre y lapidaria frase que, muy probablemente, identifica en la actualidad, al Sistema Bancario Mundial: "*¡Bochinche, bochinche! ¡Esta gente, no sabe hacer sino bochinche!*".

La Real Academia de la Lengua Española RAE, nos da como significado de la palabra "Bochinche": *Tumulto, barullo, alboroto, desorden, bullicio, escándalo*. En países como Argentina, Venezuela, Colombia y hasta en el mismo México y Chile, el vocablo se relaciona, también, con ruidos molestos que son generados en un "desorden".

¿Y por qué hablamos de un "Bochinche Bancario"?

A finales de la década de los noventa del pasado siglo XX y comienzos de la primera década del presente siglo XXI, gracias a la constante revalorización del *Mercado Inmobiliario*; este mismo, se convirtió, para el sector bancario comercial, en un símbolo casi totémico de garantía y respaldo. De allí que una gran proporción de la actual *Oferta Monetaria*, creada mediante *Asientos Contables Digitales* haya comenzado, desde el año 2002, a circular en el *Mercado de los Préstamos Hipotecarios;* colapsando, por primera vez, en el año 2008. Incluso al día de hoy, las *hipotecas*, para los bancos comerciales, continúan siendo una forma segura y rentable de crear *deuda;* por cuanto, si la persona no puede pagar el préstamo, el banco comercial se queda con el bien inmueble en sesión de pago.

Ahora bien, todo el problema se origina, en el momento cuando los bancos toman la decisión de no "esperar 10 o 20 años" hasta que sus deudores cancelen todo el monto acreditado y en consecuencia, "empaquetan" sus respectivas carteras de créditos hipotecarios y como se mencionó con anterioridad, las seden o *titulizan*; en favor de otras instituciones financieras que hacen un uso altamente especulativo de las mismas.

De este modo:

Durante la Crisis Financiera de las Hipotecas Subprime del año 2008, fue un "exceso de confianza", aquello que generó un sobreendeudamiento; como consecuencia de haber puesto activos y compromisos, en manos de personas sin real capacidad de pago.

Ejecuciones hipotecarias mundializadas y masivas, dieron al traste con los precios de los bienes raíces. Millones de personas perdieron sus casas y los bancos comerciales, quedaron con *avales* y *garantías* devaluadas y como era de esperarse, fueron los gobiernos, con el *dinero* de los *contribuyentes*, quienes "salieron al rescate". Este desorden o "bochinche bancario", no pudo ocurrir sin la connivencia de los *Estados Nacionales* que actuaron, atendiendo el papel protagónico de los *Bancos Comerciales* en la creación de *dinero*; los cuales, se han convertido, hoy día, en una parte tan integral en el suministro de *Masa Monetaria* que se pueden dar el lujo de derrochar y colapsar; con la plena seguridad de que, al final del día, los *Gobiernos* han de intervenir en su favor. Hablamos de las instituciones comerciales que generan casi el 80% de la *Oferta Monetaria* actual y cuando están amenazadas, pueden y de hecho causan terribles fallos sistémicos que han puesto en riesgo de colapso a todo el Sistema Monetario Mundial. El poder de los bancos, al día de hoy, es poco menos que gigantesco.

La *Teoría Crediticia del Dinero*, fue formulada por el señor Joseph Schumpeter y en ella, se ratifica el papel central de los bancos como "creadores y determinantes de la Oferta Monetaria"; por cuanto, según el señor Schumpeter: *"En ellos, reside la capacidad para generar crédito productivo"*; es decir, el tipo de crédito que impulsa el progreso y un crecimiento económico no-inflacionario, capaz de fomentar la creación de empleo y el avance tecnológico. Sin embargo, en los tiempos que corren, todo el crédito que se ha generado es "improductivo"; dado que ha derivado en "más gasto" y de allí, sobreviene la *Inflación del Tipo de*

Precios al Consumidor o de los *Activos*.

Al día de hoy, más del 30% de los préstamos bancarios, son para sus mismas corporaciones financieras; 50% lo han destinado al Mercado Hipotecario y apenas un 8% al denominado Crédito de Alto Costo. También, otorgan gran soporte financiero a las Tarjetas de Crédito y tan sólo un 8%, está destinado a las pequeñas y medianas empresas y demás entidades no-financieras que conforman el tejido productivo de las naciones. A costa de los *ahorristas* y *deudores*, de sus *desahucios y desalojos*, el crédito hipotecario "está garantizado". En tal escenario y junto con otros factores, como, por ejemplo, el que las economías emergentes, como la India y China, cada día se enriquecen más, el *Oro* se está convirtiendo de nuevo, junto con el *Bitcoin*, en uno de los más deseados *Activos Refugio*.

Entre los años 2016 y 2019, la *Demanda Mundial de Oro* aumentó de 2000 toneladas a más de 3000. En la actualidad, cada vez más inversionistas privados y criptoinversionistas, desean agregar lingotes de Oro a sus haberes; así, desde el año 2006 hasta el pasado año 2019, los Contratos de Compra/Venta de Oro Físico se incrementaron de 20 mil millones a casi 100 mil millones. Así mismo, China y la India, en este momento, consumen diez veces más Oro cada año que los Estados Unidos y la Unión Europea.

Estamos así, gracias en gran medida al *Bochinche Bancario* que nos imbuye, en un punto en el cual, la *Demanda del Oro Físico*, supera con creces la *Oferta Mundial;* lo cual, hará que la Onza de este metal precioso, en no poco tiempo, comience a repuntar hasta alcanzar y muy probablemente, superar el *Precio del Bitcoin*.

EL "LEVIATÁN" DE LA FLEXIBILIZACIÓN CUANTITATIVA

Llegamos a la tercera y muy probablemente, la más cuestionable forma de creación de dinero como lo es la Flexibilización Cuantitativa que en lenguaje coloquial, designa a la Creación Masiva de Dinero, inorgánico y electrónico, por parte de los Bancos Centrales. Una Oferta Monetaria sin contragarantía; a través de esta modalidad, los gobiernos crean dinero "sin valor" que inyectan luego, en una economía nacional recesiva; a fin de dinamizar la producción y el consumo, pero logrando, las más de las veces, un efecto completamente opuesto. La Flexibilización Cuantitativa, fue puesta en marcha, por primera vez, en Japón, durante la década de los ochenta del pasado siglo XX y la práctica, ha sido emulada por muchos países, incluidos los Estados Unidos y la Unión Europea. Se dice que es "la forma más peligrosa de crear dinero" que, en forma controlada y cierto contexto, puede estimular la economía, mas, también tiene el potencial de destruirla. De acuerdo con el *Banco Central de Reino Unido*, hasta el año 2018 cerca del 18% de la *Oferta Monetaria* de todo el mundo, tenía origen en esta práctica; no obstante, esta proporción se ha venido incrementando de forma vertiginosa. El actual *Presidente* de la *Reserva Federal Americana*, el señor

Jerome Powell ha dicho: *"Tenemos la capacidad para crear dinero digitalmente y lo hacemos, comprando Letras del Tesoro, Bonos y Otros valores Garantizados"*; con lo cual, la oferta de dinero se hace *"exponencial"*.

Según la Ley estadounidense, la *Reserva Federal Americana* sólo está en la potestad de prestar el *dinero;* no así, de condonar la *deuda* que genera. De este modo, cuando el Gobierno de los Estados Unidos, junto con otros, salen "al rescate" de los bancos privados, deben "fabricar" ingentes cantidades de *dinero* por esta vía y ya sabemos que es un tipo de *Oferta Monetaria* que "crea intereses" y de allí, el denominativo de *Dinero Deuda*.

¿Y quién *paga* la *deuda* que *crea* ese *dinero* con *intereses*?

Pues nosotros, sí; tú, yo y todos los demás contribuyentes al *Fisco* de esos *Estados Nación;* de allí, las fuertes repercusiones sociales del *Dinero Deuda*.

A fin de *Ejecutar la Deuda* que genera este tipo de *dinero*, los *Bancos Centrales* deben aumentar la *Oferta Monetaria*, mediante la compra de *Bonos del Gobierno* y otros *Valores;* entonces, imbuido en la *Ley de la Oferta y la Demanda,* al incrementar la "oferta" de *dinero,* su *Valor* disminuye. Un "coste menor del dinero", se traduce en tasas de interés mucho más bajas y cuando esto ocurre, los bancos comerciales pueden de nuevo, otorgar préstamos en condiciones accesibles para la mayoría de las personas. Todo esto, según cifras de los gobiernos, estimula el consumo, al tiempo que incrementa el PIB y, en consecuencia, se vuelven a emitir más *Bonos del Tesoro;* con los cuales, el Banco Central crea más *Dinero Deuda*. Este es el círculo fatídico y vicioso que, al día de hoy, permite a los gobiernos, en buena parte del planeta, contar con cantidades inimaginables de *dinero* que manejan a discreción; en tanto los *Bancos Centrales,* son impávidos tenedores de *Bonos* que cada día pierden su *Valor*.

Japón, es el ejemplo más radical de todo esto; su *Balance,* es mucho más grande que todo el PIB de la nación y, además, el *Gobierno* y el *Banco Central,* son poseedores del 80% de su propio *Mercado de Valores*. Fue, precisamente, la *Flexibilización Cuantitativa* la que ha llevado al *Estado* japonés, a convertirse en el accionista mayoritario de más de 1400 empresas que, además, cotizan en la *Bolsa* nipona. Es, si se quiere, una forma de "nacionalización silenciosa"; la misma metodología, le permitió al *Swiss National Bank* convertirse en el más importante accionista del ecosistema empresarial estadounidense, en firmas como: *Microsoft*, *Apple*, *Google* y *Amazon*, por un total de 94 mil millones de dólares, cifras que se reportan hasta mediados del año 2019.

El caso más reciente de *Flexibilización Cuantitativa*, se ha dado en el propio Estados Unidos; cuando, a mediados del mes de mayo del presente 2020, el Congreso dio "luz verde" al Presidente de la Reserva Federal, el señor Jerome Powell y al Secretario del Tesoro, el señor Steven Mnuchin para, a la manera de Hollywood, "protagonizar un heroico rescate federal" tras la crisis sanitaria que ha producido el COVID 19 y que va por el orden de los 3 mil millones de dólares "creados". Con una economía sana, esta ingente *Masa Monetaria* hubiese podido ser "absorbida", sin mayor problema por los Estados Unidos; no obstante, sumergidos en la actual crisis estructural y sistémica que los agobia, todo está por verse.

El dólar estadounidense es una moneda fuerte y aún muy confiable, soportada por una de las naciones con el mayor PIB de todo el planeta. Así mismo, al día de hoy, la *Tecnología Blockchain* está llamada a crear nuevas formas de absorción de capital y resguardo valor; capaces de solventar, en gran medida, los problemas económicos y la carga social que produce la *Flexibilización Cuantitativa*. Conocemos ya, la existencia de tres formas básicas para "crear dinero"; todas, tienen sus "bemoles" y son "sensibles" en su gestión. Se espera así, haber dado una explicación, satisfactoria y en contexto, acerca del origen de la terrible recesión económica que apenas se inicia en este 2020. Tal vez, ha llegado el momento de considerar la pertinencia de desarrollar un nuevo tipo de micro-activo, creado en la Tecnología Blockchain y respaldado en Oro.

UN CAPITALISMO "VESTIDO DE VERDE"

Al día de hoy, son cada vez más las personas en el mundo que tienen acceso a los productos y servicios que durante el pasado siglo XX, dieron forma, fama y vida al "sueño americano". Nos referimos a formas de trabajo que se basan en la prestación de servicios, acceso a alimentos conservados, congelados y procesados, seguridad, medios de transporte mecánicos, vivienda, ocio, salud y medios de comunicación. Ahora bien, cuando este "estilo de vida" nació en los Estados Unidos de Norteamérica, lo hizo hacia mediados del pasado siglo XX y en unas condiciones geopolíticas y económicas diametralmente diferentes a las actuales. A fin de no extendernos mucho en este punto, vale destacar cómo, para la época en la cual, nace el nivel de vida que hoy día, pretende ostentar la "clase media" en todo el mundo, grandes economías como la actual India y China, eran países sobrepoblados y rurales, sumidos en una extrema y avasallante pobreza.

El profesor Santiago Niño Becerra, en su más reciente publicación, titulada: "Capitalismo (1679 - 2065): Una aproximación al Sistema Económico que ha producido más prosperidad y desigualdad en el Mundo", nos comenta cómo: *"El Capitalismo cuando nace, a principios del siglo XIX; desde su inicio, se encuentra con una cosa que son los subproductos, las escorias, en* suma, la basura que genera en sus procesos productivos que para ese entonces eran, ciertamente, imperfectos. Entonces, el Capitalismo encuentra una forma muy fácil de sacarse esos subproductos de encima, como lo es, arrojándolos al medio ambiente; llámese ríos, aire, mar. (...) Y durante bastantes décadas, esto le funciona y así, sus costes los externaliza a toda la sociedad y todo el mundo está de acuerdo, en un principio, o por ignorancia o por conveniencia".

La *Sociedad de Consumo*, junto con la *Obsolescencia Programada*, devienen en una combinación letal para el medio ambiente y quienes lo habitamos: *"Si durante todas estas décadas"*, prosigue el profesor Niño Becerra, *"el Capitalismo no hubiese podido externalizar estos subproductos contaminantes, ni tampoco hubiese contando con una provisión de energía tan barata, como la que tuvo durante todo el pasado siglo XX, es claro, cómo al día de hoy, nuestro mundo sería muy diferente"*.

El Modelo Económico de la sociedad actual, es lineal y se basa en:

1. La Extracción.
2. Producción.
3. Distribución
4. Compra.
5. Uso.
6. Y finalmente, el *Desecho*.

Durante la primera fase del proceso, se extraen recursos naturales que ya sabemos que son todos escasos y limitados, para obtener:

1. Energía.
2. Materias Primas.

Durante la etapa de *producción*, se añaden a las *materias primas*, ciertas sustancias químicas que facilitan y aumentan los volúmenes de fabricación; no obstante, son también altamente perjudiciales para el medio ambiente. Es menester, además, señalar cómo a finales del pasado siglo XX, la *producción* se "deslocaliza" hacia países "en vías de desarrollo" que no cumplen con las normativas legales mínimas de gestión ambiental; con lo cual, muchas zonas en el mundo comienzan a padecer los estragos de la contaminación y no así, a disfrutar de las "mieles" del *Capitalismo*. Aparecen, en los rincones más alejados del planeta, grandes espacios contaminados con fuertes subproductos industriales que hasta logran alterar los ciclos naturales.

Con la *distribución y compra masiva* de los *productos*, emerge un doble problema; el primero de ellos, lo vemos en cómo el *Precio de los Productos al Consumidor Final,* no reflejan sus costes ambientales y sociales reales; siendo estos, los efectos de la contaminación ambiental y de la explotación exhaustiva de los recursos naturales que realiza una mano de obra sub pagada. Por otra parte, la *Idea de Crecimiento Económico*, está basada en el *Principio de Obsolescencia Programada* que exige el consumo, recurrente y desmedido, de productos, cuya *Vida Útil* es cada vez más corta.

En la fase final, muchos de estos productos terminan como "basura", incluso, sin llegar a ser nunca utilizados; así, los *niveles de producción de basura,* en todo el mundo, se han triplicado durante los últimos treinta años y ya su gestión, constituye un grave problema en sí mismo para muchos gobiernos. El actual *Modelo de Consumo de la Clase Media*, es por completo insostenible en el largo plazo. *"Sin embargo"*, concluye el eminente catedrático y economista, *"aquí estamos y hemos alcanzado un punto en el cual, la degradación del Medio Ambientes es a la vez, un grave problema y un gran negocio. (…) Es por ello que el Capitalismo del siglo XXI, ha comenzado a adoptar un matiz ecologista y ambientalista; dado que es ya evidente que es en este ámbito, donde se encuentran los beneficios del futuro"*.

Vemos cómo, antes de su muy probable ocaso, el *Capitalismo* logrará, quizás, "vestirse de verde" y avanzar hacia un estadio final de *Sostenibilidad;* donde ya no utilizará más el medio ambiente para externalizar los costes de producción y sus contaminantes, a fin de obtener un mayor beneficio.

¿QUÉ ES UN DEPÓSITO DE VALOR?

Al contemplarlo como un Mecanismo de Intercambio de Valor, el Oro, es relativamente accesible en cualquier parte del mundo. En sus primeras "apariciones públicas" como recurso monetario, el Oro, era sustraído por los Romanos, nada menos y nada más que en España; con lo cual, vemos cómo la civilización que poco más de mil quinientos años más tarde, habría de atravesar el océano Atlántico, en busca de "Eldorado", de manera paradójica, alguna vez tuvo también Oro en sus tierras. El Oro, tiene una distribución geográfica, sino abundante, cuando menos dispersa y es posible, en principio, hallarlo en muchas partes del mundo. Esta es una de las razones por las cuales, el Oro, pudo ser establecido en el pasado como Forma Dineraria y Mecanismo de Intercambio de Valor. El Oro, es un metal noble; dado que posee un punto de fusión de 1064 grados centígrados que puede ser alcanzado con carbón vegetal, lo cual, nos indica por qué ha podido ser domeñado por la humanidad, desde tiempos milenarios. Es, también, uno de los materiales más maleables y dúctiles que existen, de allí que sea muy sencillo de trabajar plásticamente, de manera sostenible y sin romperse; permitiendo obtener, alambres, hilos, lingotes, láminas, monedas y hasta formas artísticas. El Oro, es apenas un poco más duro que el Yeso; por lo cual, es factible utilizarlo en la fabricación de piezas estandarizadas, como Monedas, Doblones y Lingotes. Como ya se mencionó, el Oro tiene un muy alto *Valor Unitario* y en tanto más tiempo se "atesora", dicho valor se incrementa. Es, además, bastante difícil de falsificar, si se le compara con una *moneda* o un *billete*. El Oro, tiene una "demanda previa internacional" muy elevada y extensa; por esta razón, fue el *Patrón Internacional* durante el siglo XIX, precisamente, cuando se desarrolla todo el *Comercio Internacional* y la primera fase de la *Revolución Industrial*.

Como *Depósito de Valor*, el Oro ocupa un lugar muy especial, por no decir "único" y esto se debe, en un primer momento, a que tiene una *Fuerte Demanda Previa*; es, además, relativamente *accesible*, aunque siempre *escaso*; es muy *dúctil*, de fácil *transformación* y *portabilidad*. Es *atesorable* con mucha facilidad, es un bien *incorruptible*, así como tampoco es *perecedero* y es de muy fácil *recuperación*. Ahora bien, el rasgo más resaltante es su muy elevado *Valor Unitario* que cada día va en ascenso; con lo cual, sus costes de almacenamiento, son bastante bajos. Al ser un bien que "no perece", su *estabilidad* es tan alta que sólo los gobiernos, en fatídico conjunto, logran desestabilizar su precio, al referenciarlo con sus *Divisas FIAT*.

Al día de hoy, los *Bancos Centrales* utilizan el *Papel Moneda* como *Medio de Intercambio* y respaldan esas emisiones de *Activos* con la *Deuda Pública* que es un *Mecanismo de Depósito de Valor*, tan robusto como el mismo *Oro*. Sabemos ya por amarga experiencia que el "papel" como *Forma Dineraria*, sigue siendo "papel". Por su parte, la última "burbuja del petróleo" fue durante el año 2008; en tanto, su definitivo declive como única fuente energética mundial, comenzó a partir del año 2014. El *Petróleo*, así retornara hasta los exorbitantes niveles que alcanzó durante el año 2008, jamás será "buen dinero"; en primera instancia, tiene un muy bajo *Valor Unitario*, se deteriora con mucha facilidad y es muy fácil de "quemar". Por último, sus costes de almacenamiento son en extremo elevados, si se los compara con los del Oro y el mismo Bitcoin.

En el caso de los *bienes inmuebles*, también son "mal dinero" y aún peor *Depósito de Valor y Medio de Intercambio*. Con un *inmueble*, la *fungibilidad* es literalmente imposible; además, no es factible, de poder llegar a "dividirlo", obtener *Unidades Homogéneas con Valor;* es decir, cada *casa, edificio, galpón*, es "distinto de otro", por su *ubicación* y el *contexto social* donde fue construido.

Un inmueble es muy poco *divisible*, puede ser tal vez, "segmentado" en espacios "privados", mas, no "distribuido". Si se diera el caso, por demás alucinante, de llegar a dinamitar una casa, a fin de "repartirla"; un ladrillo valdría por sí mismo y no, como una "porción representativa" de la *Estructura de Valor* de la que alguna vez formó parte.

El Oro es y será el "depósito de valor" por antonomasia, porque es aceptado por todas las personas que tengan un mediano grado de sensatez, en cualquier parte del mundo; es, también, una *mercancía* muy deseada que puede "comprar productos" y de allí, *estabilizar* y *sanear* una economía, al *reactivar* el intercambio de bienes y servicios. Básicamente, un *Depósito de Valor* es un instrumento financiero que nos faculta para "comprar algo a futuro". El *Oro*, es el único *bien* que ha demostrado, pese a los duros embates de la geopolítica y la guerra, mantenerse estable a lo largo de los siglos. Contar con un *Capital Personal en Oro*, será imprescindible en esta *Cuarta Revolución Industrial;* así como en la nueva economía *post-global* y, sobre todo, *post-bancaria* que traerá.

EL "BUEN DINERO"

La Real Academia de la Lengua Española RAE, define un Bien Precioso como: "Cada uno de los bienes que tienen notable Valor en razón del Arte, la Historia, la Materia o, simplemente, por el culto y la veneración de que son objeto. La cualidad de Precioso de un bien, no puede estimarse sólo en virtud de su valor material o económico; han de tenerse en cuenta otras razones, como el culto y la veneración populares". Así, los diamantes, las esmeraldas, las obras de arte, en general, cumplen con esta característica de ser Bienes Preciosos; no obstante, en el caso de los diamantes y otras piedras preciosas, si bien, tienen en común con el Oro, el ser un objeto ornamental de lujo; marcan además una gran diferencia con éste mismo, como lo es el que son "mal dinero". Sí, sea bien un diamante, una esmeralda o la piedra que se quiera, son materiales que no se pueden "dividir", sino "fragmentar"; tampoco son "homogéneos", pues, cada piedra, como los humanos, es distinta una de otra y tiene sus "propias cualidades". Tampoco son desatesorables, debido a que su Valor deriva de su estructura molecular que se puede, como ya se mencionó, "romper", mas, no "dividir". A diferencia del Oro, las piedras preciosas están bastante concentradas, en términos geográficos; de allí que, en el decurso de la historia, su desarrollo como Forma Dineraria haya sido dificultoso.

Otros metales, como el *Hierro* que se utilizó en Esparta como *Forma Dineraria* y *Depósito de Valor,* suelen ser bastante fáciles de degradar. El *Cobre*, es otro metal que aún hoy día, tiene presencia en nuestras vidas como *Forma Dineraria;* como ya se mencionó, la clásica *Moneda de un Centavo de los Estados Unidos,* está acuñada, básicamente, en *Cobre*. Tampoco es "buen dinero", debido a que se oxida y degrada con la humedad. Los Romanos, junto con otros pueblos antiguos, utilizaron el *Cobre* para fabricar *Moneda,* debido a que no poseían *Oro* o *Plata* en suficientes cantidades.

De manera más reciente, entre los años 2007 y 2008, el *Platino* logró superar al *Oro* en su *Precio* y se llegó a considerar como "buen dinero"; no obstante, tiene un *Punto de Fusión* bastante elevado, lo cual, encarece su manipulación. En términos geográficos, está en extremo concentrado, es mucho menos dúctil y maleable que el *Oro* y la *Plata* y su *Precio*, está sometido, en mayor medida, a los embates de la especulación.

La inminente y muy particular *necesidad humana*, manifestada a través de la historia, de contar con una *Abstracción* que permitiese *Comunicar y Preservar Valor*, es cuanto ha hecho que el *Oro,* se halla posicionado como "Buen Dinero". No sólo permitió la división especializada del trabajo humano; sino, además, es el *Medio de Intercambio* más versátil hasta el momento; incluso, más que el mismo *Bitcoin*, así como el *Depósito de Valor* por excelencia. El *Oro*, es el *mejor dinero* que puede haber; dado que cumple con todas las propiedades *físicas* y *abstractas* que permiten mantener su *Valor*.

En esta nueva Economía 4.0, el *Oro* volverá a ser aquello que alguna vez fue, antes de la década de los setenta del pasado siglo XX. Junto con *Bitcoin*, será el *Bien* "más vendible" y al mismo tiempo "mayormente deseado y atesorado" y, por lo tanto, su *Valor en el Largo Plazo,* tendrá una ingente estabilidad. El *Oro*, como el *Bitcoin*, tienen la *cualidad dineraria* más Importante, como lo es la denominada *Doble Liquidez;* una *Espacial* y otra *Temporal* y esto, le ha de conferir a quienes los posean, una enorme capacidad de *Ahorro,* aunada a una muy alta selectividad en el *Consumo*.

El Oro, como el *Bitcoin*, permiten la creación de otros *Activos sin Deuda;* lo cual, habría de controlar la *Inflación* y apoyar la *productividad* de los tejidos sociales. Las *Formas Criptodinerarias basadas en Oro,* serán imprescindibles para la absorción del "dinero inflacionista" que al día de hoy, asfixia nuestras economías, así como en la creación de nuevos *Criptovalores Estables y Sostenibles,* en esta *Cuarta Revolución Industrial.*

LA ERA DEL DINERO FIAT

La Hiperinflación, generalizada, mundializada y derivada de la exagerada emisión de Masa Monetaria, será el gran problema económico que, muy probablemente, habremos de afrontar, a partir del próximo trimestre del venidero año 2021. La historia contemporánea, nos ha mostrado cómo la mayoría de Bancos y Estados, han abusado del poder de emisión de Moneda; por esta razón, es bastante factible que en la Economía Mundo se vuelvan a respaldar las Monedas Nacionales con Metales Preciosos; siendo el Oro, el de mayor cotización. Adicional a esto, la Tecnología Blockchain tiene como misión, crear una nueva Economía con tendencia al ahorro y sin emisiones monetarias excesivas; no obstante, el Anclaje al Oro, como una forma de Depósito de Valor que es duradera, divisible, portable, difícil de falsificar y aceptada en todo el mundo, será también un factor esencial, en esta nueva etapa "holística" del Capitalismo.

La muy pronta vuelta a un nuevo *Patrón Oro,* cuyos detalles estarían aún por definir, creará una nueva y al momento, muy necesaria *Disciplina Criptomonetaria* que se caracterizará por la *Oferta de nuevas Formas Criptodinerarias Estables* que se han de ceñir, de manera estricta, a la cantidad de reservas metálicas atesoradas por sus creadores.

El antiguo *Patrón Oro*, estuvo vigente hasta la *Primera Guerra Mundial;* dado que los gobiernos de los países involucrados en el conflicto, decidieron abandonarlo, a fin de poder imprimir todo el *Papel Moneda* que les era necesario para financiar aquella brutal contienda, mas, sin el respaldo del Oro. El gran beneficiado fueron los Estados Unidos, debido a que pudo desarrollar su naciente parque industrial, al proveer todo lo necesario para la reconstrucción de Europa, una vez culminadas las dos guerras. Además, otorgó préstamos a todos esos países que éstos mismos, le pagaron en Oro.

Fue así, como los Estados Unidos, durante todo el siglo XX y comienzos del XXI, llegaría a ser la mayor potencia hegemónica, industrial-militar de alcance mundial y la nación, poseedora de las tres cuartas partes de las *Reservas Mundiales de Oro*.

Con una Europa en ruinas, surgió la necesidad de crear un nuevo *Sistema Monetario Internacional* que en el año 1944 se habría de concretar, a través de la firma de los *Acuerdos de Bretton Woods*. A partir de esta histórica reunión, se marca el final del *Nacionalismo Económico;* nacen, tanto el *Fondo Monetario Internacional -FMI* como el *Banco Mundial -BM* y como punto de mayor ponderación, todas las *Divisas del Mundo* pasaron a *Anclar su Valor* al dólar estadounidense y era esta única nación la que se comprometía, ante todas las demás naciones del orbe, a *Anclar el Valor de su Moneda Nacional al Oro* y, en consecuencia, a no excederse en la emisión de *Oferta Monetaria*. No era ya, el Patrón Oro "tradicional"; sino una especie de *Patrón Dólar-Oro* que le daba a todas las demás monedas del mundo, un nuevo respaldo real y cuantificable.

Para ese entonces, los Estados Unidos comienzan a antagonizar con la Unión Soviética, en sus planes de expansión mundial del Comunismo; nace así, la denominada "Guerra Fría", como la extensión globalizada de los dos conflictos mundiales anteriores.

La primera *Emisión Monetaria Masiva* que hacen los Estados Unidos, acontece a comienzos de la década de los cincuenta del pasado siglo XX y es para financiar la Guerra de Vietnam que inició en 1955, culminó en 1975 y donde recurrió a imprimir mucho más dinero que aquel que podía respaldar, según los acuerdos de Bretton Woods, con el *Oro* que tenía *atesorado*. Al percatarse, los gobiernos de Inglaterra y Francia reaccionan, reclaman ante la Casa Blanca el intercambio de sus *Eurodólares* por *Oro* y es entonces, cuando en el año 1971, el Presidente Richard Nixon suspende de manera "temporal" el *Patrón Oro* y con ello, se desvincula de manera unilateral de los *Acuerdos de Bretton Woods*.

Es así, como nace la era del DINERO FIAT; un curioso tipo de *Forma Dineraria sin Valor Intrínseco ni Anclaje* y que los *Estados* producen "por decreto"; de allí, su nombre *"fiat"* que en latín quiere decir: 'Hágase". Es pues, a comienzos de la década de los años setenta del pasado siglo XX, cuando los gobiernos de las demás naciones, comienzan a crear dinero "como si no hubiese un mañana" y literalmente, así fue; con la emisión de ingentes cantidades de *Oferta Monetaria*, por parte de cada *Estado* en el mundo, nuestro actual "presente económico" que para ellos era un "lejanísimo futuro", se hipotecó.

En el pasado, la credibilidad en las *Monedas* la otorgaba el *Oro* que era "medible"; en tanto, con el Dinero FIAT, el *Valor* se "volatiliza" con cada *Emisión Monetaria*. Al día de hoy, son pocos los gobiernos con la capacidad de regularse para no emitir billetes en demasía. Así las cosas, la situación es ya insostenible, la *Deuda Mundial* es prácticamente impagable y es muy posible que estemos muy próximos a la instauración de un nuevo *Patrón Monetario con Anclaje al Oro* que vendrá luego de que el mundo entero experimente la más terrible de las *Hiperinflaciones*.

Son cada vez más, las personas en todo el mundo que ya no "confían" en el Dinero FIAT, ni en los Bancos. No es posible aseverar cómo habrá de funcionar este nuevo *Sistema Monetario Mundial*, con un también nuevo *Anclaje al Oro*. Los economistas de la *Escuela Austriaca*, proponen un *Sistema de Reserva con un Coeficiente del 100%*. En todo caso, en el nuevo ecosistema financiero, de naturaleza híbrida; es decir, *Blockchain-Dinero FIAT*, los *Criptovalores Estables* se emitirán según las reservas en *Oro* reales que puedan, además, ser reclamadas en cualquier momento por las personas que posean los tokens.

LO QUE LA HIPERINFLACIÓN SE LLEVÓ

La Inflación, es el aumento generalizado y sostenido en los Precios de los Bienes y Servicios que existen y circulan en una determinada Economía Nacional, durante un periodo determinado de tiempo. Cuando el nivel general de precios sube, con cada unidad de moneda se adquieren menos bienes y servicios. La Inflación que también es conocida como "el impuesto de los pobres"; refleja así, la disminución y hasta la pérdida del poder adquisitivo de una Moneda Nacional. Por su parte, la Deflación, consiste en la caída generalizada del nivel de precios que se prolonga durante varios períodos; según el Fondo Monetario Internacional -FMI, por lo menos dos trimestres. La Deflación, como fenómeno económico, se opone y antagoniza a la Inflación y se produce cuando la Oferta de Bienes y Servicios en una economía nacional, es superior a la Demanda. Con independencia de los Costos, debido a la Deflación, los Productores se ven en la obligación de reducir los Precios de sus bienes de consumo; incluso, hasta llegar a niveles de "pérdida". Como vemos, lejos de ser beneficiosa, la Deflación es bastante nefasta; sin embargo, existe otro tipo de Deflación aún peor que abordaremos al momento:

La *Deflación por Deuda*:

La mayoría de las personas, aún al día de hoy, creen que la *Economía* consiste en producir *bienes*, *servicios* y en *Trabajar para Comprar y Pagar* todo aquello que se *Produce*. Sin embargo, en la actualidad, cada día se sustrae más *dinero* de la *Producción Económica* y se "transfiere" a la *Economía Financiera;* lo cual, produce aquello que se conoce como *Deflación por Deuda* que es, a su vez, uno, si no el mayor, agente de contracción de los *Mercados*. Al estar en la obligación de *pagar la deuda* a los bancos, las personas tendrán mucho menos *dinero* para "gastar" en *bienes* y *servicios*.

Al día de hoy, son pocos quienes, en realidad, comprenden este fenómeno; existen dos definiciones de *Deflación*, la mayoría de las personas, creen que la *Deflación* se trata "nada más" de la caída de los *Precios*; mas, la *Deflación Por Deuda* es aquello que acontece, cuando el grueso de la población debe "gastar" una parte cada vez más elevada de sus ingresos, en el beneficio de deudas contraídas, por ellos mismos. Hablamos de la *Deuda Hipotecaria*, de la *Deuda de la Tarjeta de Crédito*, del *Auto*, la *Deuda* que generan "otros préstamos", como los *Académicos;* todo lo cual, absorberá por completo los recursos de las personas, hasta tal nivel que no podrán gastar ya más, en la adquisición "libre" de *bienes* y *servicios*. Sólo si se contrae cada vez más y más *deuda*, será posible mantener el "nivel de vida" del pasado.

Es evidente, por demás, cómo los *Mercados*, al día de hoy, han comenzado ya a ralentizarse; la *inversión de capital* y el *empleo* disminuyen a paso raudo, en tanto, los *salarios* también bajan; lo vemos en prácticamente todas las economías del planeta. El estancamiento de los *precios* que también, al día de hoy, presenciamos, no es otra cosa sino el síntoma, ya evidente, de un menor volumen de ingresos en la población.

En una *Deflación por Deuda*, la caída de la *economía* sobreviene como el resultado de tener que *devolver* al sector *financiero*, toda la *deuda* adquirida. Los *precios* caen, sencillamente, porque la gente ya no se puede permitir "comprar cosas". El *Ingreso Real,* en todo el mundo, ha venido en franco descenso durante los últimos treinta años. La *Demanda* de *bienes* y *servicios*, también disminuye cada día; así pues, la *Deflación* tiene mucho más que ver con el *Ingreso* disponible que con los *precios*. Salvo que la banca mundial esté dispuesta a condonar la *deuda;* algo muy poco probable, en su lugar, sobrevendrá en la mayoría de las economías nacionales del planeta, una *Deflación por Deuda* que primero "drenará" y luego ha de "liquidar" por completo, todo su poder de compra.

La relación entre la *Deuda* y la *Deflación*, estriba en que la *Deuda* crea mucha más *Deflación;* con lo cual, los *salarios* caen y con ellos, el nivel de vida de las personas. Es muy factible que, en los Estados Unidos y los países de la Unión Europea, aumente de nuevo el nivel de crédito "bombeado" a los tejidos sociales. Como la gente tendrá mucho menos para gastar, habrá una dura contracción en todos los mercados; la *Deflación,* al final del día, significa que el ingreso de las personas, es transferido de los *Mercados* a la *Deuda*.

Veremos así, el sórdido ocaso de actividades como el *Turismo*, la *Restauración* y el *Entretenimiento;* entendidos como negocios *masivos* y de *aglomeración*. De igual forma, han de desaparecer los intentos de diferenciación de productos, a través de la promoción de una *Marca* para el *Consumo Masivo - Retail-;* como solía ser "norma de mercadeo", durante buena parte del pasado siglo XX. Los *Bienes Raíces*, literalmente, se "desplomaran" como ámbito de inversión para el resguardo del *Capital Patrimonial* de las personas. La bancarrota del *comercio de proximidad* y de la *microempresa*, será mundializada, generalizada y ha de contrastar, tal vez de manera grotesca y hasta macabra, con el despilfarro público de los políticos que no parará.

La creación de "dinero de la nada", por parte de un sistema de banca central moderna con reservas fraccionarias es, sencillamente, un robo que llevará a las economías de buena parte del planeta, a experimentar una de las crisis económicas más profundas, dramáticas y prolongadas, en toda la historia de la humanidad. Básicamente, en estas crisis recurrentes y sistémicas, los ciudadanos y sus naciones, terminan con ingentes deudas a cuestas que los obligan a "pedir prestado" a los organismos internacionales; quienes los "auxilian", precisamente y de nuevo, a través de los bancos que otrora se han robado todo y lo peor, es que ese "auxilio" se realiza con *Dinero Deuda*.

El verdadero "negocio" de un *Banco Comercial*, en un *Sistema de Banca Central Moderna con Reservas Fraccionarias*, es el de aceptar el *dinero* de las personas, bajo un *contrato de depósito* que incurre en *dolo*. Por cuanto, el *dinero* depositado por los *ahorristas* no queda "ahorrado" en las bóvedas del banco, sino que se *presta* a quien lo solicite; en tanto al depositante que viene a ser el real "dueño" del dinero, no le reconocen ningún tipo de *Interés*. De este modo, el banco comercial se queda con la totalidad de los *Beneficios* que arroja el *Préstamo*.

Al día de hoy, los *Bancos Comerciales* han generado y aún lo hacen, una *Expansión Crediticia* sin precedentes que los ha llevado a un punto de no-retorno; en el cual, poseen *Carteras de Deuda*, literalmente, impagables. Lo más probable, en esta aciaga circunstancia, es que los *Estados*, la *Reserva Federal Americana* y el *Banco Central Europeo;* todos, a un mismo tiempo, creen la *Masa Monetaria* necesaria para alcanzar un importe global, idéntico al sumatorio de todos los depósitos digitales; lo cual, quiere decir en términos más simples:

Imprimir tantos billetes como sea necesario, para que todos los saldos digitales de las cuentas que los ciudadanos tengan abiertas en los bancos comerciales, tengan un "respaldo físico" en Papel Moneda.

Ahora bien, si nos remitimos a lo ocurrido, luego del rescate bancario masivo y mundial del año 2008; donde, tan sólo en la Unión Europea, se utilizaron 231.000.000.000 millones de Euros para "rescatar bancos" y éstos mismos, en lugar de cesar en la creación de *deuda*, utilizaron ese *dinero* para continuar creando "hipotecas basura". Lo más probable es que, una vez los *Bancos Comerciales* tengan las *cuentas* de sus *ahorristas*, atiborradas con "dinero fresco" y, además, "en efectivo", comiencen de nuevo a *prestarlo* como si no hubiese un mañana.

En el año 1991, un enorme conglomerado de personas,

hartas de la corrupción, la miseria, del "comunismo que nunca llegó", del decaimiento del modelo de gobierno, en manos de una cámara de líderes decrépitos y corrompidos, decidió "destruir con su voto a la Unión Soviética"; la consecuencia, fue poco menos que desastrosa. Entre 1991 y 1993, 25 millones de personas murieron de hambre, frío y falta de medicación. Entre el 24 y el 25 de diciembre de 1991, el 40% de los ciudadanos de la Unión Soviética, perdieron todos sus ahorros con el cierre de los bancos. En el año 1989, la cantidad de personas que vivían por debajo del umbral de la pobreza, en los países del bloque soviético, era de 14 millones de personas; siete años más tarde, en 1996, la cifra se elevó a 168 millones de personas.

Algo bastante similar, ocurrió en Venezuela en el año 1998; cuando la nación entera, harta de la corrupción que caracterizaba a la *Socialdemocracia*, se "suicidó" en las urnas electorales, al elegir a Hugo Rafael Chávez frías como Presidente; sin lugar a duda, uno de los psicópatas, megalómanos y populistas, quien, junto con Rafael Leónidas Trujillo, habría de crear uno de los cultos a la personalidad, más pintorescos, perversos y nefastos de América Latina. En el presente año 2020 ya por culminar, la Hiperinflación en Venezuela, alcanzó más del 300%, según datos de la Asamblea Nacional.

Ante la depauperación del dinero, como consecuencia del uso indiscriminado y hasta psicopático de la *Flexibilización Cuantitativa,* las personas, con independencia de la *Nación Estado -país-,* tienden a considerar que la "salida" más "a la mano", revanchista y expedita, es de índole política; de allí, la peligrosa proliferación del *Populismo*, bajo la macabra égida del *Progresismo* que, ante todo, busca la erradicación, absoluta e irreversible, de la *Clase Media*. Así las cosas, en los Estados Unidos de Norteamérica, en tanto se escribe el presente texto, acontece una férrea contienda electoral; entre una facción *Progresista* y otra *Nacionalista*, mas, con independencia del huésped de la Casa Blanca, es bastante probable que sea la *Clase Media Occidental,* aquello que la *Hiperinflación* se ha de "llevar", como consecuencia directa del "desmontaje de los Estados Nación", durante este "comienzo", del "principio", del "arranque" de la Cuarta Revolución Industrial.

SOBRE EL AUTOR

Iván Calderón. Bucaramanga, Colombia. 3 de marzo de 1970.

Formación Académica:

- Historiador, Mención: Historia Universal. Universidad Central de Venezuela -UCV. Caracas, Venezuela.
- Cine y Televisión. FUNDACINE-UC, Universidad de Carabobo -UC. Valencia, Venezuela
- Programador. Fundación Universidad de Carabobo FUNDAUC. Valencia, Venezuela.
- Artes Visuales, Dramaturgia y Medios Audiovisuales. Centro Universitario de Arte -CUDA, Universidad de los Andes -ULA. Mérida-Venezuela.
- Especialista en Publicidad y Mercadeo. Decanato de Postgrado, Universidad "Santa María" -USM, Caracas-Venezuela.
- Técnico Superior en Publicidad y Mercadeo. Instituto Universitario de Nuevas Profesiones -IUNP. Valencia, Venezuela.
- Técnico Especialista en Redes, Internetworking Basic. Instituto de Capacitación Empresarial I.C.E. INSIDENET GROUP-KTC. Caracas Venezuela.
- Pedagogo. Instituto Nacional de Cooperación

Educativa -INCE. Caracas, Venezuela.

Formación Artística:

- Dibujo y Pintura. Escuela de Arte "Arturo Michelena". Ateneo de Valencia. Valencia, Venezuela.
- Cine y Televisión, FUNDACINE-UC, Universidad de Carabobo -UC. Valencia, Venezuela. Escuela Nacional de Cine y Televisión, Universidad de Los Andes -ULA. Mérida, Venezuela.
- Diseño Gráfico y Artes Visuales. Centro Universitario de Arte -CUDA, Universidad de Los Andes -ULA. Mérida, Venezuela

Carrera Profesional:

- Dibujante y Animador de Cortometrajes para Cine, en el Departamento de Cine de la Universidad de Los Andes –ULA, en Mérida, Venezuela.
- Asistente de Investigación y Fotógrafo FreeLancer, del Instituto de Investigaciones del Folklore y la Cultura Popular Andina, de la Facultad de Humanidades y Educación de la Universidad de Los Andes –ULA, en Mérida, Venezuela.
- Ejecutivo de Mercadeo en el Área de Retail y Supervisor Nacional de Imagen Corporativa, para toda la Fuerza de Ventas Externa – Agentes Autorizados- de Telcel-Bellsouth de Venezuela. Especializado en Productos y Servicios en Telecomunicaciones: Telefonía Móvil Celular, Proveedor de Servicios de Internet –ISP y Enlaces T1. Caracas, Venezuela.
- Fundador, Investigador y Microempresario en Tecnologías GNU-Linux. Empresa Apogee System de Venezuela. Dedicada a la implementación de Herramientas de Software Libre/GNU-Linux, en el Sector Petroquímico, así como al desarrollo de Metodologías y Tecnologías Educativas y para el desarrollo Micro-empresarial. Valencia, Venezuela.

- Como Artista FreeLancer, residí de manera legal en Suiza por 5 años; durante el año 2013, en Zúrich tuve contacto de primera mano con la Tecnología Blockchain –*Ethereum*– y desde entonces investigo por cuenta propia en el ámbito de la Creación de Criptovalores.

- Al día de hoy, soy Investigador Independiente en Tecnologías Exponenciales y en Ciencia de Datos; en tanto trabajo como Trader Independiente en el Mercado Mundial de Divisas FOREX.

www.ingramcontent.com/pod-product-compliance
Lightning Source LLC
Chambersburg PA
CBHW031554210526
45464CB00003B/1294